AF265626

Pour l'adjudant

Commandant Degouges,

de la part

du Lieutenant Général

Lecourbe

RAPPORT

DU LIEUTENANT-GÉNÉRAL

LECOURBE

AU GÉNÉRAL EN CHEF

MOREAU;

Contenant le précis des opérations de l'aile droite de l'Armée du Rhin pendant le mois de Frimaire de l'an 9.

—————

A STRASBOURG,

DE L'IMPRIMERIE DE LEVRAULT.

—————

An IX de la République française.

Au quartier-général à Mondsée, le 26 frimaire an 9 de la
République française, une et indivisible.

Le Lieutenant - Général LECOURBE,
commandant l'aile droite de l'Armée
du Rhin;

Au Général en chef MOREAU.

LA rapidité des mouvemens de l'armée,
mon cher Général, ne m'ayant pas permis
de vous faire les rapports détaillés des
différens combats livrés ou soutenus par le
corps actif à mes ordres, je vais vous les
relater le plus succinctement possible.

Depuis l'époque de la rupture de l'ar-
mistice jusqu'au 10 frimaire, le temps fut
employé en manœuvres entre l'*Iller* et l'*Inn*,
exécutées le plus près des montagnes possible, tant pour couvrir les débouchés
nombreux qui viennent du Tyrol, que pour
avoir plus de facilité à passer les ruisseaux
et rivières près de leurs sources.

Le 10, la division Montrichard se
porta sur l'*Inn* et s'empara de *Rosenheim*,

A 2

que l'ennemi défendit foiblement et dont il coupa le pont sur la *Manguald* et celui sur l'*Inn;* les hussards du 9.e régiment prirent une trentaine de hussards *Granitz.*

D'un autre côté le général Gudin arrivoit par les montagnes sur le haut *Inn* à *Holtzhausen* et rejetoit l'ennemi dans la gorge sur *Wischpach,* avec perte, de la part de celui-ci, d'une soixantaine de prisonniers.

La réunion de l'armée sur *Hohenlinden* me forçant à faire un mouvement à gauche, je fis quitter *Rosenheim* le 11 au soir pour prendre position plus en arrière, en majeure partie sur *Pframering*, couvrant les routes de *Wasserbourg* et *Rosenheim;* l'ennemi n'osa rien entreprendre pendant ce mouvement rétrograde.

Pendant que vous gagniez la célèbre bataille de *Hohenlinden*, l'ennemi, qui croyoit sans doute la gagner lui-même, avait fait faire plusieurs attaques simultanées sur la division Molitor chargée de couvrir les débouchés du *Tyrol* et du *Vorarlberg.*

Les 12, 13 et 14, un bataillon de la 10.e légère et deux de la 37.e de ligne, chargés de la défense du *Tegernsée*, du *Walchen-sée*, d'*Au* et d'*Étal*, furent attaqués par des forces supérieures et soutenues par de l'artillerie.

Trois compagnies de la 10.ᵉ légère repoussèrent, dans la gorge de *Tegernsée*, un bataillon de Bender qui étoit venu les attaquer au *Tegernsée*, et lui firent une cinquantaine de prisonniers, dont un officier.

Nos avant-postes d'*Au* et d'*Étal* furent d'abord repoussés ; mais quelques réserves, arrivées à propos, suffirent pour chasser l'ennemi avec perte. La 37.ᵉ lui fit aussi quatre-vingts prisonniers.

Le 14, je me portai une seconde fois sur l'*Inn* avec le projet de le passer d'après vos ordres.

Je tâchai le 16 de tromper l'ennemi sur mes projets : j'ordonnai au général Gudin de pousser une brigade dans la vallée de l'*Inn* sur *Kuffstein*. J'avois le double but d'éloigner l'ennemi du point de *Neupcuern*, que j'avois déjà reconnu le plus propre à l'établissement d'un pont, et de lui faire croire que, voulant attaquer *Kuffstein*, je le réduirois à la défensive.

Combat de la Pass et d'Aurbourg.

Deux bataillons de la 36.ᵉ demi-brigade, commandés par le chef de brigade Graindorge, repoussèrent l'ennemi jusqu'au-delà d'*Auerbourg* à une lieue de *Kuffstein*. Près de ce premier lieu se trouve un passage extrêmement étroit entre la montagne et la rivière. L'ennemi avoit trois bataillons en bataille et qui sembloient déterminés à tenir. Bientôt deux compagnies seulement de la 36.ᵉ les chargent à la baïonnette et les enfoncent. On a fait à l'ennemi sur ce point 200 prisonniers.

Le chef de brigade Graindorge a montré une bravoure étonnante. Le général Laval avoit fait des dispositions sages.

Passage de l'Iun. Combat de Stephanskirchen.

La victoire d'*Hohenlinden* devoit être couronnée par le passage de l'*Inn*, et c'étoit à l'aile droite, qui n'avoit pu y prendre part, à effectuer le premier passage de ce fleuve par les Français.

Les reconnoissances n'étoient pas satisfaisantes.

La rive droite domine la rive gauche dans une étendue considérable, et c'étoit précisément sur les points qui offroient des débouchés faciles. Celui de *Neupeuern* seul m'avoit paru propre à mon objet, quoiqu'il ne fût pas sans obstacle : depuis ce lieu jusqu'à *Wasserbourg* l'*Inn* coule rarement réuni, et où il l'est, la rapidité de son cours peut occasionner de graves inconvéniens pour l'établissement d'un pont, en ce que l'ancrage n'est pas sûr.

Je me déterminai cependant pour *Neupeuern*. Après avoir réuni sur *Retenfeld* et *Kirchdorf* tous les matériaux nécessaires, le 17 au soir, je fixai le passage pour le 18 au matin.

Les divisions du centre destinées à appuyer mon mouvement arrivèrent à cette époque sur *Aibling*.

Je chargeai le général Lemaire de placer l'artillerie. Le chef de bataillon Galbois, commandant du génie de l'aile droite, présida toute la nuit aux préparatifs.

Enfin le 18, à 6 heures du matin, tout étant disposé, on commença l'établissement du pont.

Le général Montrichard, dont la division devoit passer la première ; le général Lemaire, commandant l'artillerie ; le chef de bataillon Galbois, qui passa dans la première barque ; les capitaines de pontonniers Negre et Henri, mirent un tel concert dans leurs opérations qu'en deux heures et demie, malgré la rapidité du courant, malgré le feu de l'ennemi, qui à la vérité ne fut pas soutenu, le pont fut jeté et les embarcations m'avoient passé huit bataillons.

J'étais bien sûr que la supériorité de mon artillerie éteindroit le feu de l'ennemi ; en effet, soit qu'il ne voulût pas s'opposer à notre passage ou qu'il ne fût pas en mesure de le faire, il nous attendit sur les hauteurs de *Stephanskirchen*.

A onze heures du matin, tout mon corps mobile avoit passé, moins deux bataillons que je laissai avec le général Laval sur la rive gauche de l'*Inn* pour couvrir cette vallée.

J'avois donné l'ordre au général Montrichard de marcher avec six bataillons sur *Stephanskirchen* en descendant l'*Inn* par *Rordorf*, et de laisser à *Rosenheim* un bataillon avec une batterie de 8 pièces, tant pour faire diversion que pour empêcher l'incendie du pont, qui, quoiqu'ayant une arche coupée, étoit encore aisé à réparer promptement.

J'avois ordonné au général Gudin de

couvrir les hauteurs de *Neupeuern* avec un bataillon, et de marcher avec les quatre qui lui restoient sur *Endorf*, en longeant le *Simbssée*. Ce dernier mouvement avoit pour but de s'emparer de la route qui conduit à *Traunstein* et de couper la retraite à l'ennemi, que je présumois devoir défendre la position de *Stephanskirchen*.

Le général Montrichard rencontra à *Rordorf* quelques réserves qui arrivoient, mais trop tard, pour défendre le passage.

Le général Schiner avec deux bataillons de la 84.e descendit le long de la rivière, tandis que le général Roussel avec sa brigade, composée de la 109.e, marchoit par sa droite par *Lauterpach* et *Geking*. Il nous importoit que ces mouvemens fussent exécutés afin de nous rendre maîtres des hauteurs qui dominent *Rosenheim* et la grande route de *Saltzbourg*, et de gagner le pont que nous espérions encore sauver pour éviter aux divisions du centre un long détour. Mais en vain les huit pièces d'artillerie commandées par le chef d'escadron Prost, firent-elles des efforts pour croiser leur feu sur la culée; en vain le 2.e bataillon de la 38.e, commandé par le chef de *Brigade* Gauthier, s'établit-il sur le bord de ce fleuve, malgré le feu de l'artillerie ennemie ; ni le courage de ce bataillon, ni celui de quelques soldats qui se jetèrent à l'eau, rien ne put empêcher l'incendie du pont.

L'ennemi n'ayant plus à craindre sur ce point, porta tous ses efforts sur la division Montrichard. La position du premier étoit belle ; appuyé par sa droite à l'*Inn*, il étoit couvert en partie par le *Simbssée* et par un ruisseau qui en sort et qui coule dans des marais et des escarpemens.

Les mauvais chemins ayant retardé la marche de la cavalerie et de l'artillerie, il s'engagea sur les hauteurs de *Geking* une fusillade des plus suivies ; l'ennemi, supérieur en nombre et surtout protégé par son artillerie, commençoit à faire des progrès. Deux pièces de canon nous arrivent enfin avec un bataillon de la 36.ᵉ Le général Roussel à la tête de la 109.ᵉ fait charger l'ennemi à la baïonnette. De tout côté, l'on bat la charge ; l'ennemi est repoussé et chassé de tous les bois qu'il avoit farcis d'infanterie. Le général Schiner avec la 84.ᵉ arrive sur son flanc droit et le force à repasser le ruisseau. Le 9.e d'hussards et la 109.e le passent après lui et s'emparent de sa position. Il a eu une centaine de tués, et nous lui avons fait 300 prisonniers, tant du corps de Condé, que de Kaunitz, Manfrédini , 60.e régiment, Waldeck dragons, etc. [1]

La brigade du général Puthod n'ayant pu arriver le même soir sur *Endorf* à cause des mauvais chemins, l'ennemi fit sa retraite pendant la nuit par ce lieu.

Les généraux Schiner et Roussel se sont distingués. La 109.e et la 84.e sont toujours les mêmes ; elles ne connoissent pas d'obstacles, surtout commandées par leurs chefs Lainé et Sancey.

Le chef de bataillon Montfort, commandant les premières troupes de débarquement, a montré beaucoup d'intelligence.

Le chef de brigade Ducheiron , commandant le 9.e d'hussards, s'est distingué avec son régiment.

L'adjudant - commandant Desgouges a

---

[1] C'est dans cette affaire que le lieutenant - général Lecourbe a eu la moitié de sa redingotte emportée par un boulet.

montré beaucoup d'intelligence et de bravoure.

Notre perte dans ce combat se réduit à une vingtaine de blessés.

Cet heureux passage s'est effectué sans perdre un seul homme, et l'heureux résultat en est dû, je le répète, au concours des chefs qui y ont coopéré, les généraux Montrichard, Lemaire, le chef de bataillon Galbois, les capitaines de pontonniers Negre et Henri, le lieutenant Schmidt, et au dévouement de tous les officiers et soldats.

Mon chef d'état-major, Porson, mes aides-de-camp, Noizet, Foulon et Vadeleux, et en général tous les officiers de mon état-major, Chappe, Latour, Laroche et Solomon (ce dernier a passé avec les premières troupes); tous ont montré zèle, courage et dévouement.

Le 19, je fis continuer le mouvement sur *Séebruck;* le général Gudin formoit la tête, et la division Montrichard suivoit en échelons. L'ennemi ne tint que foiblement jusqu'à *Séebruck.* Le 8.ᵉ d'hussards exécuta quelques charges partielles sur les dragons de Waldeck qui couvroient la retraite, et le chef de brigade Marulaz, commandant

l'avant-garde, ramassa deux cents prisonniers, dont quatre-vingts chevaux pris dans
les charges.

Le 20, les divisions continuèrent leurs
mouvemens pour se porter en avant de
Traunstein.

Le pont de *Séebruck* ayant eu trois
arches coupées, la colonne fut retardée de
trois heures. On reconnut enfin un gué à
la sortie du *Chimsée*, et aussitôt la cavalerie et l'artillerie y passèrent ; deux ou
trois cents fantassins passèrent en croupe.
L'ennemi tenoit de position en position.
Le chef de brigade Marulaz, commandant
l'avant-garde, ordonna quatre charges con-
sécutives sur la cavalerie ennemie ; elles
furent aussi bien exécutées qu'ordonnées.
Ces différentes charges nous ont valu environ trois cents prisonniers, dont au moins
cent dragons ou hussards. Le 8.ᵉ régiment
d'hussards s'est distingué.

Mon corps mobile prit position ledit
jour en avant de *Traunstein.* Un bataillon
de la 36.ᵉ et 25 chevaux avoient eu l'ordre
de longer le *Chimsée* par sa droite, pour
éclairer les débouchés sur le *Tyrol* et *Reichenhal.* Cette colonne n'a trouvé dans sa

marche que quelques partis, qui ont fui à son approche.

Combat de Saltzbourg-hoffen et sur la Saal.

Le 21 au matin, les colonnes aux ordres des généraux Gudin et Montrichard se mirent en mouvement par le chemin de *Traunstein* à *Saltzbourg*. La gorge étant étroite, les corps marchoient en échelons et à distance ; j'ordonnai à la brigade de gauche du général Montrichard de se diriger de *Teissendorf* sur *Lauffen*, afin de flanquer ma gauche.

La foible colonne du général Gudin harcela l'ennemi jusqu'à *Aldstetten*, toujours lui faisant quelques prisonniers.

En avant *d'Aldstetten*, le pays devenant plus ouvert et les réserves de l'ennemi étant plus rapprochées de *Saltzbourg* et *Lauffen*, ce dernier déploya devant nous une nombreuse artillerie, soutenue par beaucoup de cavalerie et d'infanterie qui arrivoit de *Lauffen*.

Comme il m'importoit de le rejeter au-delà de la *Saal* et de la *Salza*, j'attendis la réunion de mes troupes sur *Aldstetten* ; j'ordonnai alors au général Gudin de se porter sur *Feldkirch*, en y appuyant sa droite, tandis que sa gauche, en suivant

la route , cotoyeroit la *Saal* jusqu'à son confluent et nettoyeroit les bois qui l'avoisi-
nent de l'infanterie ennemie qui y étoit
nombreuse.

J'ordonnai au général Montrichard de
gagner la gauche pour se porter sur la route
de *Saltzbourg* à *Lauffen*, et prendre position sur la *Salza*.

L'ennemi, qui avoit eu le temps de ras-
sembler des forces dans la plaine de *Saltzbourghoffen*, commençoit à faire plier quelques compagnies de la 94.ᵉ qui étoient dans
le bois, lorsque la 109.ᵉ et un bataillon de la
38.ᵉ arrivèrent. Ce mouvement arrêta celui
de l'ennemi qui cherchoit à déborder ma
gauche. Je fis réunir sur cette plaine toute
la cavalerie que j'avois. La bonne conte-
nance de la 109.ᵉ, et surtout le mouvement
du bataillon de la 38.ᵉ qui se plaça en
potence, arrêtèrent l'infanterie ennemie : les
8.ᵉ et 9.ᵉ de hussards exécutèrent si à propos une charge, qu'en un instant le dés-
ordre se mit dans les rangs ennemis. Les
généraux Montrichard et Roussel en pro-
fitèrent en acculant à la *Salza* les Autri-
chiens, qui essayèrent de la passer à gué,
mais dont la plupart se noyèrent.

Pendant ce mouvement le général Gudin avoit rejeté de l'autre côté de la *Saal* les forces ennemies qu'il avoit trouvées devant lui, et un bataillon de la 94.e s'empara du bois près le pont, au pas de charge. Ce bataillon fit si bien qu'il arriva en avant de *Saltzbourghoffen*, et coupa la retraite à l'ennemi sur *Saltzbourg*, en lui prenant cinq pièces de canon.

Le capitaine Lacroix, de la 94.e, en a enlevé deux avec sa compagnie.[1] L'ennemi, quoique supérieur en nombre, a laissé sur le champ de bataille plus de deux cents morts et cinq à six cents prisonniers de Kaunitz, Guemingen, Lascy, Olivier-Wallis, des dragons de Latour, Waldeck hussards, Veczay, Ferdinand et Cuirassiers. Notre perte a été petite. Le citoyen Ferari, officier au 8.e d'hussards, s'est noyé en poursuivant les fuyards. Tous les chefs et officiers d'états-majors se sont distingués. Mes aides-de-camp, et ceux des généraux Montrichard et Roussel, ont chargé à la tête des hussards : mon aide-de-camp Vadeleux

---

[1] Le capitaine Lacroix de la 94. , le sergent-major Niglés, et François Tyrion, fusilier, sont arrivés les premiers sur la batterie, et ont chacun pris une pièce.

a eu un cheval tué sous lui en chargeant sur deux pièces de canon.

Le 22, les divisions du centre étant arrivées à *Lauffen*, j'appuyai à droite sur la *Saal*. Les généraux Gudin et Puthod ayant découvert des gués à *Packing*, tout mon corps exécuta le passage de la *Saal* par sa droite, et prit position à la nuit au village de *Walls*, qui fut disputé jusqu'à huit heures du soir par l'ennemi.

Le lendemain 23, avant le jour, je fis mettre les troupes en mesure, ou de se porter en avant sur *Saltzbourg*, ou de repousser les attaques de l'ennemi, qui, ayant vu la veille déboucher un corps assez nombreux sur *Walls*, pouvoit présumer que la majeure partie de l'armée vouloit se porter sur *Saltzbourg* par ce point.

Le corps du centre devant passer à *Lauffen*, je devois être circonspect dans mes attaques. Je fus instruit que le gros de l'armée ennemie avoit réellement pris position entre la *Saal* et la *Salza*, et que le général Decaen n'avoit pas trouvé d'obstacles sur *Lauffen*. Le brouillard étoit épais : à mesure qu'il se dissipoit, mes reconnoissances avançoient avec précaution. L'ennemi eut l'air de reployer ses vedettes ; les nôtres les suivirent.

Ne voulant cependant point hasarder de faire déployer l'infanterie dans la plaine, j'ordonnai au général Montrichard de faire longer la sienne dans les bois le long de la *Saal*, afin de tâcher de gagner le confluent de cette rivière et se lier avec deux bataillons de la 108.e aux ordres du général Boyer, qui, de son côté, devoit essayer de passer un gué, et faciliter le rétablissement du pont brûlé par l'ennemi. Le général Gudin avoit l'ordre de gagner aussi avec un bataillon la route de *Reichenhal* et le village de *Gols*, qui se trouve couvert et boisé ; le reste devoit couvrir le village de *Walls*, en s'y appuyant le plus près possible.

L'infanterie du général Montrichard ne pouvoit être compromise, puisque, quoique forcée, elle se retiroit le long des bois sur deux bataillons de la 84.e qui avoient été laissés en réserve aux gués. Je fis déployer toute la cavalerie et l'artillerie de mes deux divisions en avant du village de *Walls*, en attendant les mouvemens du corps du centre qui passoit à *Lauffen*.

Les reconnoissances d'hussards ayant suivi l'ennemi qui avoit l'air de se retirer (le brouillard étoit toujours très-épais), celui-ci démasqua alors une batterie de six pièces qui commença un feu vif et soutenu : la nôtre arrivoit ; elle se mit en batterie, et sur les neuf heures commença une canonnade vive et soutenue, qui ne devoit finir qu'à la nuit.

Nous avions eu un moment la supériorité en nombre de pièces, mais bientôt l'ennemi en mit jusqu'à trente en batterie.

La nôtre, qui n'approchoit pas de moitié, eut beaucoup à souffrir ; plusieurs pièces des nôtres furent démontées.

Deux escadrons du 7.ᵉ d'hussards, le 8.ᵉ et 9.ᵉ même arme, les 11.ᵉ de dragons et 23.ᵉ de cavalerie, formoient toute notre cavalerie ; elle éprouva quelques pertes.

Le brouillard qui se dissipa un peu nous laissa découvrir une cavalerie nombreuse et sur plusieurs lignes. Nos batteries, quoique maltraitées par le nombre des pièces de celle de l'ennemi, ne laissèrent pas de lui causer des pertes : il se décida à les charger avec sa cavalerie. Les 7.ᵉ et 9.ᵉ d'hussards soutinrent le choc avec courage ; mais, moins nombreux que les ennemis, ils furent ramenés sur la réserve.

Le 11.ᵉ dragons s'ébranle et fournit à fond la plus belle charge possible. Ce régiment culbute ét renverse tout ce qu'il rencontre. Les hussards se rallient, et de concert avec les dragons mettent en déroute au moins deux mille chevaux et en prennent plus de cent cinquante. La seconde ligne de l'ennemi n'osa rien tenter. Il ne me restoit en réserve que le 23.ᵉ de cavalerie, qui brûloit de se mesurer, mais que je ne crus pas prudent de faire donner.

La canonnade qui avoit cessé un moment recommença de plus belle. Nos troupes faisoient des progrès sur la droite. Un bataillon de la 36.ᵉ et les hussards du 8.ᵉ s'emparèrent au pas de charge du village de *Gols*, où l'ennemi avoit placé du canon ; ces braves troupes lui en enlevèrent une pièce.

A la gauche la 109.ᵉ faisoit aussi des progrès ; mais l'ennemi, qui vouloit conserver la croisée des chemins de *Reichenhal* et de *Lauffen* à *Saltzbourg*, faisoit soutenir continuellement par de nouvelles troupes celles qui plioient. Une batterie de six pièces placées avantageusement ne put jamais être enlevée.

Le général Montrichard fit tirer de la brigade de Schiner un bataillon de la 84.ᵉ pour soutenir le général Roussel; ce bataillon arrivoit, conduit par le général Schiner lui-même, qu'un boulet vint blesser à la cuisse et à la main, mais pas dangereusement.

Malgré nos efforts pour soutenir la position, je voyois que le combat n'étoit pas égal, en artillerie surtout : l'adjudant-commandant Mangin venoit d'avoir le bras cassé ; le brave Ducheiron, commandant le 9.ᵉ d'hussards, venoit d'être tué.

D'un autre côté, il étoit dangereux de faire un mouvement rétrograde devant l'ennemi, qui auroit pu en profiter. Je résolus cependant de faire resserrer les ailes, surtout la droite, qui pouvoit être compromise par une charge heureuse de cavalerie ennemie. Je fis abandonner le village de *Gols*, où l'ennemi fit de suite placer du canon ; je fis repasser le défilé successivement à toute la cavalerie et à l'artillerie, et j'essayai encore de garder le village de *Wals* avec de l'infanterie. Celle

du général Montrichard ayant un peu souffert, je la renvoyai sur la rive gauche de
la *Saal* vers *Feldkirch*, et la 94.ᵉ avec un
bataillon de la 36.ᵉ restèrent en bataille
autour du village en jetant des tirailleurs
dans la plaine. Le chef de brigade Lochet,
commandant la 94ᵉ, y donna de nouvelles
preuves de son courage.

L'ennemi n'osa rien tenter contre ce
mouvement hardi qu'il put aisément découvrir. Mais, comme à cette époque les
divisions du centre passées à *Lauffen* se
faisoient entendre, il crut sans doute que
nous allions le joindre, et il fit aussi faire
à son infanterie un mouvement par· sa
droite.

Je conservai jusqu'à la nuit cette même
position, qui me laissoit toujours la faculté
de déboucher sur *Saltzbourg* aussitôt que
le gros de l'armée paroîtroit à ma hauteur
sur la rive droite de la *Salza*.

J'ignore quels étaient les projets de l'ennemi en réunissant entre la *Saal* et la *Salza*
un gros corps de troupes, bien supérieur au mien. Ce corps eût dû nous
faire éprouver une plus grande perte.
Nous avons eu environ deux cents hommes

hors de combat et perdu soixante chevaux. Nous avons fait à l'ennemi plus de 400 prisonniers et pris une pièce de canon, et plus de deux cents chevaux sont restés sur la place. Le régiment de Waldeck seul a eu plus de deux cents blessés.

. L'armée, et le 9.ᵉ régiment d'hussards en particulier, ont fait une grande perte en la personne du chef de brigade Ducheiron. Ce brave homme réunissoit toutes les qualités militaires, zèle, courage, intelligence ; il avoit toujours refusé de l'avancement, quoique depuis plusieurs années on lui en eût offert. C'était un homme rare dans son arme ; il est regretté généralement de tous ceux qui l'ont connu.

Il est impossible de montrer plus d'audace et de dévouement que les 7.ᵉ, 8.ᵉ et 9.ᵉ régimens d'hussards, 11.ᵉ de dragons et 23.ᵉ de cavalerie. Le 11.ᵉ de dragons, surtout, s'est distingué par sa charge vigoureuse en secondant les hussards. Le chef d'escadron Very, commandant le 7.ᵉ d'hussards, a été blessé légèrement ; les chefs de brigade Marulaz, Debelle et Noizot, se sont distingués par leur dévouement.

L'artillerie, commandée par le chef d'escadron Prost, les capitaines Colson et Clavey, a souffert et a montré bien du courage. Le capitaine Clavey a été tué.

Le chef de bataillon Dehainin, aide-de-camp du général Montrichard, a été blessé légèrement.

Les dispositions des généraux Gudin, Montrichard, Puthod, Roussel et Schiner, ont été aussi bien exécutées que sagement conçues.

Tous les adjudans-commandans, Porson, Mangin, qui a été blessé, Desgouges, Garobuau et Delotz, se sont distingués.

C'est surtout dans ces occasions que les officiers d'état-major et aides-de-camp doivent montrer du courage.

Les aides-de-camp Noizet, Foulon, Dehainin, Vadeleux, Vautrin, Bernard, Huot, Kreutzer, Gudin ; les officiers d'état-major Piou, Scherb, Charton, Salomon, Schwartz, Racmadou, Laroche, Quenot, Morat, Chappe et David, se sont distingués. Les citoyens Racmadou et Huot avoient été légèrement blessés au passage de l'*Inn*, le 18.

Enfin cette journée n'a pas peu contribué à l'évacuation de *Saltzbourg* par l'ennemi ; il a senti que, pressé sur la rive droite de la *Salza* par les divisions du centre, et sur la rive gauche par le corps mobile de l'aile droite, il ne pouvait sortir de cette position que par une bataille ou une retraite : il n'était pas dans le cas de livrer la première, il a préféré la seconde, qu'il a effectuée dans la nuit du 23 au 24.

En effet, le 24 au matin, les troupes de l'aile droite et du centre entrèrent à la même heure dans *Saltzbourg*.

Je ne peux passer sous silence le dévouement des officiers de santé des corps mobiles de chirurgie ; on les voit toujours sur le champ de bataille, aux premiers coups de fusils, prodiguant leurs soins aux blessés.

Je dois aussi des éloges aux membres de l'administration des vivres. Quoique continuellement en marche et faisant de fortes journées, les troupes ont peu manqué. C'est au citoyen Monnay, commissaire des guerres faisant fonctions d'ordonnateur, qui je dois la bonne organisation qui règne en cette partie.

Signé LECOURBE.